죽은 자 가운데서 부활
이란 무엇인가

"The Out-Resurrection:
*A Compilation on the Prior-Expectation
of the Secret Administration*"

죽은 자 가운데서 부활이란 무엇인가?

클라이드 필킹턴 주니어 편집 ㅣ 이 종 수 옮김

 형제들의 집

차례

서론 ··· 7

제 1장 최상의 부활 ······························· 13

제 2장 남보다 먼저 일으킴을 받는 부활 ·········· 27

제 3장 현재 세대에서 하나님이 우리를 부르시는
부르심에 속한 부활 ······························ 32

제 4장 현재 세대의 부활 소망 ····················· 62

"어떻게 해서든지 죽은 자 가운데서 부활에 이르려 하노라." (빌 3:11)

서론

클라이드 L. 필킹턴 주니어

우리의 부활은 최우선적인 부활이며, 대부활 이전에 일어나게 될 뜻밖의 부활이며, 비밀의 경륜 이전에 계시된 일이 없었던 부활이다. 하나님의 보좌 우편에 앉아 계시며(엡 1:20), 모든 하늘들 가운데 가장 높은 하늘에(엡 4:10, 1:21, 즉 삼층천에) 계신, 우리의 생명이신 그리스도께서 영광 중에 나타나실 때(골 3:4), 그 때 우리 또한 그리스도와 함께 영광 중에 나타나게 해주는 부활이다.

고린도전서 15장은 부활의 장이다. 그러나 고린도전서가 기록되던 당시 이 비밀의 경륜에 속한 부활은 아직 계시되지 않았다. 바울이 가르친 부활에는 차례가 있었는데, 그 첫 번째 부활은 그리스도 자신이었음을 주목하라.

> "그러나 각각 자기 차례대로 되리니 먼저는 **첫 열매인 그리스도**요 다음에는 그가 강림하실 때에 그리스도에게 속한 자요."(고전 15:23)

그리스도의 부활이 불멸로 들어가는 첫 번째 부활이었다. 그리스도의 지체들로서 우리는 최우선적인 부활을 그리스도와 공유하고 있다. 바울이 고린도교회에 편지를 쓸 때, 그에게 계시되지 않았던 것은 "첫 열매인 그리스도" 안에서 비밀의 경륜에 속한 그리스도의 몸된 에클레시아가 포함되어 있었다는 것이었다. 그리스도와 더불어 우리의 부활은 이스라엘에게 예언되어 있는 "더 좋은 부활(better resurrection)"(히 11:35) 보다도 앞서서 일어나는 선제적인 부활이다. 우리의 부활, 즉 머리와 몸의 부활은 첫 열매로서 최고의 부활이다!

"첫 열매(Firstfruits)"는 단수형 단어가 아니라 복수형이다. 모든 성경 번역본이 이처럼 중요한 구분을 인식하지 못하고 있을 뿐만 아니라, 심지어 이처럼 중요한 단어를 "문자적으로" 번역하고 있지도 않다. 어쩌면 이렇게 무시하게 된 이유는 그리스도(Christ)가 단수형이기 때문에 복수형인 "첫 열매(Firstfruits)"란 단어를 단수형으로 통일시키려는 시도가 있었던 것으로 보인다. 이렇게 하는 것이 의미가 통하는 것처럼 보였을 것이다. 하지만 다른 영어 번역본들은 그리스어 성경에 나오는 그대로 복수형으로 번역하고 있다(KJV, ASV, Darby, Geneva,

Holman, 20th Century, Worsley, Lamsa, Montgomery, Webster, ExeGeses, 등을 보라).

"첫 열매들(Firstfruits)"이란 말은 첫 열매의 한 조각이 아니라 열매를 처음 수확할 때 거두어들일 수 있는 작지만 하나의 그룹을 이루는 수확물을 의미한다. 그리스도가 단수형이기 때문에 "첫 열매"를 단수형으로 보는 것은 엄청난 실수다. 이제 "그리스도"는 단수가 아니라 복수이기 때문이다. 즉 머리와 몸의 여러 지체들로 이루어진 하나의 그룹이다.

바울은 나중에 비밀의 경륜을 다루고 있는 서신서들에서, 그리스도의 몸의 지체들인 우리의 소망은 "그리스도가 강림하실 때(즉 파루시아)"(지상 강림의 때, 고전 15:23)가 아니라, "우리 생명이신 그리스도께서 나타나실 **그 때에(즉 파네로오)**…그리스도와 함께 영광 중에 나타나는"(공중 재림의 때, 골 3:4) 때라는 것을 밝혔다.

 우리가 그리스도와 함께 일으킴을 받은 자로 여겨지게 된 이래로(엡 2:6), 부활의 순서상 첫 번째인 그리스도의 부활에 참여한 자가 되었다. 우리의 부활 순서는 비밀의 경륜과 일치를 이루게 되었으며, "첫 열매인 그리스도"와의 연합을 통해서, 부활에 있어서 첫 번째 순서에 들어가게 되었다. 그러므로 우리는 "*그리스도의 신성한 비밀(the Sacred Secret of the Christ)*"(골 4:3, Rotherham)을 통해서 초월적인 풍성(transcendent enrichment)을 누리게 된 것이다.

 우리는 **그리스도와의 연합을 통해서** 그리스도의 몸인 에클레시아의 지체가 되는 경이로운 특권을 부여받았으며, 그리스도와 함께 일으키심을 받았고(골 2:12), 그리스도와 함께 살리심을 받았으며(골 2:13), 그리스도와 함께 하나님 안에 감추어졌고(골 3:3), 그리스도와 함께 영광 중에 나타나게 될 것이다(골 3:4).

우리로 하여금 그리스도와 동일시를 이루게 해주는 이처럼 경이로운 진리는 우리를 갈보리에서 죽임을 당하신 그리스도와의 생생한 연합으로 데리고 갈 뿐만 아니라, 훨씬 이전 즉 창세 전에 죽임을 당하신 어린 양(계 13:8)에게로 데리고 간다.

바울의 초기 서신서들이 어떻게 에베소서와 골로새서에서 펼쳐지게 될 훨씬 더 영광스러운 구원의 기초를 놓고 있는지를 주의 깊게 살펴보라. 그러므로 바울이 이렇게 쓴 것은 그리 놀랄 일이 아니다.

"그것을 읽으면 내가 **그리스도의 비밀**을 깨달은 것을 **너희**가 알 수 있으리라."(엡 3:4)

제 1장

최상의 부활

빌립보서 3장 11절에 있는 "부활"이란 단어를 번역할 때 사용된 그리스어는 엑스아나스타시스(*exanastasis*)인데, E. W. 불링거의 컴패니언 바이블(Companion Bible)은 이 단어를 "최상의 부활(out-resurrection)"이라고 번역했다. 이 단어는 합성어다. 즉 일반적인 "부활(resurrection)"이라는 아나스타시스(*anastasis*)라는 그리스어에다가 접두사 "ex"(영어로는

out)를 더해서 새로 만든 단어다.[1]

 빌립보서 3장 11절은 성경에서 유일하게 엑스아나스타시스(exanastasis)란 단어가 사용되고 있다. 이 단어는 바울의 초기 서신서에서 (예를 들자면 고린도전서와 데살로니가전서에서) 소망이었던 것보다 훨씬 앞서 일어나는 부활을 가리킨다. 이 최상의 부활은 바울이 푯대로 삼고 달려갔던 "***위에서 부르신 부르심의 상(prize of the high calling)***"[2]의 가장 핵심적인 부분이다.

 "푯대를 향하여 ***그리스도 예수 안에서 하나님이 위에서 부르신 부름의 상***을 위하여 달려가노라."(빌 3:14)

----

1) G1815(SEC).

2) "위에서 부르신 부르심(Of the high calling)." 문자적으로는 "위로 올라오라는 부르심(of the upward calling)"(VWS)이다.

이 "최상의 부활(out-resurrection)"은 곧 "그의 몸인 에클레시아"와 그 몸의 머리이신 그리스도를 하나가 되게 해줄 것이다. 이 일은 그리스도께서 하나님의 우편 자리, 곧 "모든 하늘들 *가운데 가장 높은(far above all Heavens)*" 하늘에서 일어나시고, 천상세계 가운네 그 영광스러운 모습으로 나타나실 때 일어나게 될 것이다 (골 3:4, 엡 1:20-21, 4:10).

사도행전 28장 28절은 바울의 14개 서신들을 세대적으로 나누는 구분선이다. 바울은 사도행전 전체 기간에 걸쳐서 10개의 서신서를 썼는데,[3] 이것은 이스라엘이 하나님의 경륜 가운데서 제쳐지기 전이었다. 그리고 나서 그 후에 바울은 네 개의 서신을 썼다.[4]

빌립보서는 사도행전 28장이 끝난 후에, 즉 이스라엘이 제쳐진 후에 쓰여진 첫 번째 서신이긴 하지만, 현재의 비밀의 경륜(Secrect Administration)[5]이 에베소서에 계시되기 이전에 쓰여졌다. 바울이 빌립보서를 쓸 때 이스라엘에 대한 하나님의 경륜은 이미 중단된 상태였기 때문에, 그는 "*그리스도 예수 안에서 하나님이 위에서 부르신 부름의 상(the high calling of God in Christ Jesus)*"(빌 3:14)을 푯대로 정하고 달리기 시작했다.

----

3) 히브리서, 데살로니가전서, 데살로니가후서, 고린도전서, 고린도후서, 갈라디아서, 로마서, 디모데전서, 디도서, 디모데후서.

4) 빌립보서, 에베소서, 골로새서, 여기에 개인적인 서신이긴 하지만, 골로새서와 더불어 실제적이고 실천적인 서신인 빌레몬서를 더할 수 있다.

5) 비밀의 경륜에 대한 내용은 Secret Administration이란 책의 "The Current Administration,"을 참고하라.

  빌립보서는 사실 비밀의 경륜의 일부라기 보다는 웅장한 에베소서-골로새서의 입구라고 할 수 있다(the threshold of the grand Ephesian-Colossian writings). 빌립보서는 바울의 천상세계를 다룬 두 개의 서신으로 들어가는 관문(the gateway epistle to the Celestial writings of Paul)이다.[6]

----

6) 빌립보서의 독특한 특징을 살펴보려면, "Philippians: Paul's Pivotal Letter Pressing Toward the Mystery," (Clyde L. Pilkington, Jr., Bible Student's Notebook #788.)를 참고하라. 그리고 에베소서와 골로새서의 독특한 특징을 살펴보려면, "Ephesians & Colossians: Scripture for the Present Administration,"(Clyde L. Pilkington, Jr., order form under "Pilkington," also found in Bible Student's Notebook #845)를 참고하라.

바울은 이스라엘에 대한 경륜이 중단되고 또 비밀의 경륜이 아직 계시되지 않은 일종의 과도기 상태(in-between state)에 있었지만, 그는 큰 확신을 가지고 푯대를 향하여 달리기 시작했다.

 사도 바울은 이러한 확신을 가지고 있었다. 즉 "너희 안에서 착한 일을 시작하신 이가 그리스도 예수의 날까지 이루실 줄을 우리는 확신하노라."(빌 1:6)

 빌립보서 3장에서 바울은 자신이 이전에 했던 옛 것들(즉 이전의 서신서들에 있는 것들)은 잊어버리고, 이제 새로운 것들(즉 에베소서와 골로새서에 계시된 것들)을 잡으려고 새로운 푯대를 정하고 달려가기 시작했다.

 빌립보서에서 바울은 이전 그의 입장과 소망을 내려놓고, 훨씬 더 우월한 소망을 향한 길을 열고 있다.

 바울은 사도행전 기간 동안 품었으며 또한 그의 초기 서신서들에서 열망했던 소망을 기꺼이 포기하고서 "최상의 부활(out-resurrection)"을 포함하고 있는 **_위에서 부르신 부르심(the higher calling / 가장 높은 하늘로 (over-heavenly)의 부르심)_**을 얻고자 했다.

이 "최상의 부활(out-resurrection)"은 두 가지 새로운 것을 포함하고 있다.

(1) 다른 영역에 속한 소망 - 가장 높은 하늘에 올라가는 소망이자 또한 다른 시간대에 속한 소망이다.

(2) 더 이른 시간대에 속한 소망 - 그리스도 안에서 가장 먼저 이루어지는 부활[7]이다(엡 1:12, CV).

"우리 생명이신 그리스도께서 나타나실 그 때에 너희도 그와 함께 영광 중에 나타나리라."(골 3:4)

KJV에서 "나타나다(appear)"로 번역된 그리스어 단어는 파네로오(phaneroo)[8]인데, 이는 "명백하게 드러나다(to be made manifest)"라는 뜻을 가지고 있으며, 문자적으로 다양하게 번역되고 있다(CV, REB, YLT).

----

7) 이 개념은 이전에 계시된 그 어떤 소망보다도 먼저 우리가 부활하게 될 것을 의미한다. 예를 들자면 데살로니가전서 4장 18절에 일어나게 될 부활 보다 앞서 일어나게 될 것이다.

8) G5319 (SEC).

E. W. Bullinger(1837-1913)는 이 *최상의 부활(out-resurrection)*에 대해서 이렇게 설명했다.

> 우리의 *엑스아나스타시스(exanastasis)*는 … 데살로니가전서 4장 18절에 언급된 부활 보다 앞서 일어나게 될 것이다. 빌립보서 3장 11절의 *엑스아나스타시스(exanastasis)*가 우리에게서 이루어지게 되면, 데살로니가전서 4장 18절은 우리가 위에서 부르심을 받은 후에 믿게 될 사람들에게 성취되도록 남겨지게 될 것이다.
>
> 우리는 성경을 가지고 가지는 않을 것이기 때문에, 남겨진 사람들에게서 모든 희망을 빼앗지 않을 것이다. 대환난을 벗어난 사람들과 요한계시록 6장 9-17절에서 "하나님의 말씀과 그들이 가진 증거로 말미암아 죽임을 당한 영혼들"은 어떤 식으로든 하늘에 들어간 사람들인데, 하늘에 들어갈 수 있는 방법은 부활 외에는 없다. …

마태복음 21장 31절, 데살로니가전서 4장 16절, 고린도전서 15장 52절을 보면 "나팔"을 언급하고 있다. 하지만 우리를 하늘로 불러올리는 부르심(빌 3:14)과 관련해서는 나팔 소리가 없다.[9]

----

9) Things To Come, February 1913, Question No. 410, page 21.

빌립보서 3장 11절을 시작하는 바울의 첫 번째 표현은 "*어떻게 해서든지(If by any means)*"인데, 이것은 바울의 마음 속에 자신이 최상의 부활에 참여하게 될 것에 대해서 의심을 품고 있었다는 뜻이 전혀 없다. 오히려 그것은 그가 "그리스도 예수께 잡힌 바 된 그것을 잡으려고 달려가는"(12절) 일에 있어서 방해가 되는 것은 아무것도 없을 것이라는 그의 확고한 자신감을 드러내준다.

"내가 이미 얻었다 함도 아니요 온전히 이루었다 함도 아니라 오직 내가 그리스도 예수께 잡힌 바 된 그것을 잡으려고 달려가노라."(빌 3:12)

바울은 그가 추구했던 완전(完全, perfection)을 에베소서에 계시된 비밀의 경륜이라고 하는 최고봉의 계시를 통해서 얻을 수 있었다. 그는 그리스도 예수께 잡힌 바 된 그것을 잡고자 했다. 그는 마침내 신성한 계시의 정점에 도달했고, 비밀의 경륜을 계시하고 있는 쌍둥이 서신인 골로새서를 쓰면서 하나님의 말씀을 완성(completed) 또는 완결(finished)할 수 있었다(골 1:25)!

장래 어느 날 아버지의 우편 보좌에 곧 영광의 보좌에 앉아 계신 그리스도의 있는 그대로의 모습과 영광스러운 모습이 밝히 드러나게 될 것이다. 그 영광스러운 날에 우리는 부활하게 될 것이며, 우리는 우리 머리이신 그리스도와 함께 영광 가운데 나타나게 될 것이며, 이로써 우리의 영광과 실제적인 모습도 밝히 드러나게 될 것이다. 우리는 죽은 자들 가운데서 부활함으로써 *장차 일어나게 될 부활의 첫 번째 그룹의 신자들(the first group of believers to be resurrected out from among the dead)*이 될 것이다.

"어떻게 해서든지 **죽은 자 가운데서 먼저 부활하는 부활**에 들어가려 하노라(I may ***ADVANCE to the earlier resurrection***)."(빌 3:11)

우리는 이제 바울과 함께 사도행전 시대를 벗어나, 바울의 초기 서신서들을 넘어 웅장하고 영광스러운 결말인 충만(*Pleroma*, 플레로마)[10)]으로 나아가야 한다!

----

10) 충만(플레로마)이란 주제는 성경에서 매우 중요한 주제다. 이 주제에 대해서 살펴보길 원한다면, The Pleroma: Paul's "Lost" Teaching (The Complement of Christ, of God, and of the Ages)를 참고하라.

제 2장

남보다 먼저 일으킴을 받는 부활

죽은 자의 부활(resurrection of the dead)은 부활에 있어서 단지 기본적인 출발점에 불과한데, 그 이유는 성경이 더 많은 부활을 가르치고 있기 때문이다. 제자들은 부활을 믿었지만 그럼에도 그들은 주 예수님께서 죽은 자 가운데서 일어나실 것을 말씀하셨을 때 깜짝 놀랐다(막 9:9-10). 그들은 *"죽은 자 가운데서 살아나는 것 (rise out from among the dead)이 무엇일까?"* 하고 서로

물어야 했다. 그들은 이 말의 의미를, 주님이 다른 사람들이 부활하기 전에 앞서 부활하실 것을 의미한다는 것을 이해하지 못했다.

그리스도께서 죽은 자 가운데서 살아나신 것처럼, 하나님께서는 죽은 자 가운데서 고린도교회, 데살로니가교회, 히브리서 수신자 그룹을 다른 사람들 보다 먼저 부활시키실 것이다. 고린도전서 6장 14절은 이렇게 말하고 있다.

> "하나님이 주를 다시 살리셨고(raised/ egeiro) 또한 그의 권능으로 우리를 다시 살리시리라(raise/ exegeiro - outraise)."

이 부활은 히브리서 11장 39-40절에서 말하는 "더 좋은 부활(better resurrection)"을 가리킨다. (데살로니가전서 4:13-18과 비교해보라.) 이 부활이 참여하는 사람들은 영생(aionic life)으로 들어가게 될 것이다.

 하지만 "비밀의 경륜"에서 하나님은 죽은 자들 가운데서 일으켜지는 또 다른 부활을 계시하셨다. *엑스아나스타시스(Exanastasis / out-resurrection)*[1]란 단어는 그리스어 성경에서 딱 한 군데에만 등장하는데, 바로 빌립보서 3장 11절에서만 나온다. 불행하게도 이 단어는 그냥 "부활(resurrection)"로 번역되곤 한다.[2]

 사도행전 기간의 끝에 바울은 마침내 이 *엑스아나스타시스(Exanastasis)*를 붙잡을[3] 수 있었다. 그는 이미 신자로서 그리스도 안에서 "더 좋은 부활"을 소유하고 있었지만, "비밀"의 계시를 받았을 때 그가 얻고자 힘써 추구했던 이 *최상의 부활(exanastasis)*을 받았다. 이 덕분에 그는 주님이 돌아오실 때까지 무덤에서 안식하고 있을 필요가 없게 되었다.

----

1) G1815(SEC).

2) [편집자 주] 이 단어를 정확하게 번역한 세 개의 번역본은 다음과 같다.

"죽은 자 가운데서의 최상의 부활(the out-resurrection: from the dead)"(PNB).

"죽은 자들 가운데서 먼저 일어나는 부활(the earlier resurrection, which is from among the dead)"(REB).

"죽은 자들 가운데서 따로 일으킴을 받는 부활(the resurrection that is out from among the dead)"(CV).

3. 편집자 주: 다른 번역본에는 "push[ed]"(WT), "pursue[d]"(YLT; CV), "stretch[forward]"(WET) 등으로 번역되었다.

구약시대의 신자들은 "마지막 날(at the last day)", 즉 이 시대의 끝에 부활하게 될 것으로 기대하고 있었다. 그러나 추가적인 계시를 받은 사람들은 "더 좋은 부활(better resurrection)"에 들어갈 것으로 기대하고 있었다.

하지만 이보다 훨씬 더 좋고 더 일찍 부활하는 부활이 있다. 그리스도의 한 몸의 지체들은 데살로니가전서 4장에서 말하고 있는 부활, 즉 천사장 미가엘의 소리와 나팔 소리를 기다릴 필요가 없다. 우리의 엑스아나스타시스(Exanastasis/ 최상의 부활)는 이보다 더 좋은 최고의 부활이기 때문이다.

> *"우리 생명이신 그리스도께서 나타나실 그 때에 너희도 그와 함께 영광 중에 나타나리라."* (골 3:4)

제 3장

현재 세대에서 하나님이 우리를 부르시는
부르심에 속한 부활

현재 세대에서 우리를 부르시는 하나님의 부르심에 속한 부활은 다른 세대의 부르심에 속한 부활과는 다른 것인가? 이 질문에 대한 대답은 "그렇다"이다. 그리스도의 몸된 교회(에클레시아)의 부활의 소망(엡 1:22-23)이 어째서 독특한 것인가에 대해선 여러 가지 이유가 있다. 하나님의 여러 가지 부르심에 대해서 살펴보기 전에 우선적으로 우리가 받게 될 기업(inheritance)에 대해서 살펴보고자 한다. 그리스도의 몸된 에클레시아로서 우리는 가장 먼저 부활하게 될 것이다.

고린도전서 15장

비밀의 소망과 연결되어 있는 부활은 고린도전서 15장 22-23절에 언급되어 있는 부활과는 아무 관련이 없기 때문에 독특하다.

> "아담 안에서 모든 사람이 죽은 것 같이 그리스도 안에서 모든 사람이 삶을 얻으리라 그러나 **각각 자기 차례대로 되리니** 먼저는 첫 열매인 그리스도요 다음에는 그가 강림하실 때에(즉 파루시아/ Parousia 때에) 그리스도에게 속한 자요."(고전 14:22, 23)

사도 바울이 성령의 감동으로 고린도전서 15장에서 이 말씀을 기록했을 때, 그는 현재 세대의 신성한 비밀(the Sacred Secret of the present dispensation)에 대해서 아무것도 몰랐다. 우리가 아는 바와 같이, 비밀은 "하나님 속에 감추어져" 있었고(엡 3:9), 사도행전 기간이 끝난 후 바울에게 이 진리가 알려지기 전까지는 "사람의 아들들에게 알려진"(엡 3:5) 적이 없었다. 바울은 이 비밀이 "만세와 만대로부터 감추어졌던 것인데 **이제는(NOW)** 그의 성도들에게 나타났고"(골 1:26)라고 선언했다. 그러므로 그리스도께서 머리이시고, 그분의 몸인 에클레시아는 모든 사람이 "각각 자기 차례대로 되리니"(고전 15:23)라고 언급된 부활 속에 포함되지 않았다.

뿐만 아니라 우리의 복된 소망은 바울이 고린도전서 15장 51-52절에서 알려주는 비밀 가운데서도 찾을 수 없다.

"보라 내가 너희에게 비밀을 말하노니 우리가 다 잠잘 것이 아니요 **마지막 나팔에** 순식간에 홀연히 다 변화되리니 나팔 소리가 나매 죽은 자들이 썩지 아니할 것으로 다시 살아나고 우리도 변화되리라."(고전 15:51,52)

여기서 바울은 예수 그리스도의 강림(Parousia, 파루시아)과 연결되어 있는 비밀을 고린도교회에게 계시하고 있다. 여기서 바울이 말하는 비밀은 유대적인 요소와 연결되어 있었다. 이스라엘은 항상 나팔에 의한 부르심과 연결되어 있었다. 성구 사전을 통해서 이 점을 확인해보라. 모세의 시도력 아래서 나팔 소리는 이스라엘을 불러모으는 신호였다.

"나팔을 길게 불거든 산 앞에 이를 것이니라 하라." (출 19:13)

나팔 소리는 그리스도의 재림(파루시아)의 때에 믿는 이스라엘을 불러 모으는 신호가 될 것이다. **나팔은 결코 "그리스도의 몸된 교회(Church which is His Body)"와 아무 상관이 없다.**

눈치 빠른 사람이라면 이 나팔이 이스라엘을 향해 울릴 때, 성경은 그것을 "마지막 나팔(at the last trump)"(고전 15:51)이라고 말하고 있다는 것을 알아차릴 것이다. 마지막 나팔이 울리려면, 앞서 여러 가지 사건들이 일어나야만 한다. 요한계시록을 보면, 우리는 일곱 천사가 하나님 앞에 서 있고, 또한 일곱 개의 나팔을 가지고 있는 것을 볼 수 있다.

"일곱 나팔을 가진 일곱 천사가 나팔 불기를 준비하더라."(계 8:6)

일곱 번째 천사가 일곱 번째 나팔을 불었을 때에 큰 환난이 끝나게 되었는데, 이것이 바로 바울이 말한 "마지막 나팔(the last trump)"이다.

"***일곱째 천사가 나팔을 불매*** 하늘에 큰 음성들이 나서 이르되 세상 나라가 우리 주와 그의 그리스도의 나라가 되어 그가 세세토록 왕 노릇 하시리로다 하니."(계 11:15)

이 구절은 지구 상에서 그리스도의 천년통치를 시작하는 파루시아를 선언하고 있다.

현재 시대의 부르심의 소망은 다른 모든 미래의 부활이나 변화에 앞서 실현될 것이란 점에서 있어서 독특하다.

데살로니가전서 4장

"우리가 주의 말씀으로 너희에게 이것을 말하노니 주께서 강림하실 때까지 우리 살아 남아 있는 자도 자는 자보다 결코 앞서지 못하리라 주께서 호령과 **천사장의 소리와 하나님의 나팔 소리로** 친히 하늘로부터 강림하시리니 그리스도 안에서 죽은 자들이 먼저 일어나고 그 후에 우리 살아 남은 자들도 그들과 함께 구름 속으로 끌어 올려 공중에서 주를 영접하게 하시리니 그리하여 우리가 항상 주와 함께 있으리라."(살전 4:15-17)

이 구절은 우리가 그리스도의 몸으로 부르심을 받은 소망과는 전혀 다른 이야기를 하고 있음을 알아야 한다. **비밀의 경륜에 속한 에클레시아는 천사장 미가엘이나 하나님의 나팔과 연결되어 있지 않다.** 우리의 부활과 우리가

장차 입게 될 변화는 그런 면에서 전혀 다른 특징을 가지고 있다.

여기엔 유대인들을 위한 하나님의 경륜과 연결된 것이 있다. 즉 "천사장의 소리와 하나님의 나팔 소리"는 유대인들과 연결되어 있다. 이 두 가지는 예수 그리스도의 파루시아의 때에 있게 될 것이다. "그리스도 안에서 죽은 자들이 먼저 일어나게"(살전 4:16) 되는 사람들은 대환난이 시작된(마 24:8) 이후에 죽임을 당하는 순교자들을 가리킨다.

> "이는 그 때에 큰 환난이 있겠음이라 창세로부터 지금까지 이런 환난이 없었고 후에도 없으리라."(마 24:21)

고린도전서 15장 51-52절과 데살로니가전서 4장 15-17

절은 데살로니가후서 2장 3-12절에서 언급하고 있는 사건들의 맥락에서 읽을 필요가 있다.

"누가 어떻게 하여도 너희가 미혹되지 말라 먼저 배교하는 일이 있고 저 불법의 사람 곧 멸망의 아들이 나타나기 전에는 **그 날(the Day of the Lord)**이 이르지 아니하리니 그는 대적하는 자라 신이라고 불리는 모든 것과 숭배함을 받는 것에 대항하여 그 위에 자기를 높이고 하나님의 성전에 앉아 자기를 하나님이라고 내세우느니라 내가 너희와 함께 있을 때에 이 일을 너희에게 말한 것을 기억하지 못하느냐 너희는 지금 그로 하여금 그의 때에 나타나게 하려 하여 막는 것이 있는 것을 아나니 불법의 비밀이 이미 활동하였으나 지금은 그것을 막는 자가 있어 그 중에서 옮겨질 때까지 하리라 그 때에 불법한 자가 나타나리니 주 예수께서 그 입의 기운으로 그를 죽이

시고 강림하여 나타나심으로 폐하시리라 악한 자의 나타남은 사탄의 활동을 따라 모든 능력과 표적과 거짓 기적과 불의의 모든 속임으로 멸망하는 자들에게 있으리니 이는 그들이 진리의 사랑을 받지 아니하여 구원함을 받지 못함이라 이러므로 하나님이 미혹의 역사를 그들에게 보내사 거짓 것을 믿게 하심은 진리를 믿지 않고 불의를 좋아하는 모든 자들로 하여금 심판을 받게 하려 하심이라."

하나님의 뜻이 하늘에서 이루어진 것같이 땅에서도 이루어질 때(마 6:10), 하나님의 뜻의 여러 가지 측면 중 하나는 부활의 측면이 될 것이다. 천국이 땅에서 이루어질 때에 그리스도는 산 자와 죽은 자를 심판하는 일을 시작하실 것이다(딤후 4:1). 다시 말해서, 그리스도께서는 과연 누가 자신의 자비로운 통치 아래서 살 자격이 있는지를 결정(또는 판결)하실 것이다. 이 때 모든 사람이 순서대로 부활하게 될 것이며, 그리스도의 천년통치가 시작될 것이다. 여기서 각 사람이 "각각 자기 차례대로" 부활하는 것은 모든 죽었던 사람이 다 살아나게 되는 대부활(a general resurrection)을 가리키지 않는다.

 이 대부활은 마르다가 죽은 자기의 오빠 나사로가 다시 살아나는 날에 대해서 언급했던 **"마지막 날 부활의 때(the resurrection at the last day)"**를 가리킨다.

> "마르다가 이르되 **마지막 날 부활 때**에는 다시 살아날 줄을 내가 아나이다."(요 11:24)

 이 **"마지막 날(the last day)"**은 부활을 구별하는 데 사용되는 중요한 용어 가운데 하나다. 고린도전서 15장 51-53절과 데살로니가전서 4장 16절에서 말하는 부활과 변화는 주 예수 그리스도의 파루시아의 때에 일어나게 될 것이며, 또한 그리스도의 천년통치 끝에서도 일어나게 될 부활[1]을 가리킨다.

----

1) 편집자 주: "크고 흰 보좌"(계 20:11-13)와 "그 마지막"(고전 15:24)에 일어나게 될 부활은 그리스도의 천년통치 이후에 일어나는 부활이다. 이 마지막 부활 이후에 영원 세계가 펼쳐지게 될 것이다.

오늘날 신자들은 고린도전서 15장에 언급된 부활보다 앞서 일어나게 되는 최상의 부활을 경험하게 될 것이다. 우리는 가장 먼저 부활하게 될 것이다. 이것은 성경의 원리와도 일치한다. 즉 "나중 된 자로서 먼저 되고 먼저 된 자로서 나중 되리라."(마 20:16)

사도 바울이 사법적으로 이스라엘의 소경된 것을 선언

함으로써 "이스라엘의 소망(the hope of Israel)"이 제쳐지게 되었을 때, 세대적인 변화가 일어났다. 이로 인해서 이스라엘에 속한 경륜 가운데 허락되었던 모든 징조와 기사와 기적과 은사들도 막을 내리게 되었다.

> "성령이 선지자 이사야를 통하여 **너희 조상들에게** 말씀하신 것이 옳도다 일렀으되 이 백성에게 가서 말하기를 너희가 듣기는 들어도 도무지 깨닫지 못하며 보기는 보아도 도무지 알지 못하는도다 이 백성들의 마음이 우둔하여져서 그 귀로는 둔하게 듣고 그 눈은 감았으니 이는 눈으로 보고 귀로 듣고 마음으로 깨달아 돌아오면 내가 고쳐 줄까 함이라 하였으니 **그런즉 하나님의 이 구원이 이방인에게로 보내어진 줄 알라 그들은 그것을 들으리라 하더라.**"(행 28:25-28)

빌립보서는 이스라엘이 제쳐지게 된 후에 바울이 처음으로 쓴 서신이다. 자세히 읽어보면 사도 바울이 아직 현재 세대의 신성한 비밀을 계시하고 있지 않다는 것을 알 수 있다. 그는 다만 이스라엘의 소망이 중단되었음을 알았다.[2]

----

2) 편집자 주: 빌립보서의 독특한 특징을 살펴보려면, "Philippians: Paul's Pivotal Letter Pressing Toward the Mystery,"(Clyde L. Pilkington, Jr., Bible Student's Notebook #788)을 보라.

에베소서와 골로새서는 현재 세대를 위한 진리를 담고 있다. 에베소서는 우리가 살고 있는 시대의 비밀의 경륜을 소개하고 있고, 반면 쌍둥이 서신인 골로새서는 하나님의 말씀을 완결하고 있다. 에베소서와 골로새서를 제외하면, 비밀의 경륜을 소개하는 서신은 없다. 이렇게 사도행전 이

후 바울의 서신들과 바울의 초기 서신들과 대조되는 특징을 살펴보려면 "Ephesians and Colossians: Scripture for the Present Administration,"(Clyde L. Pilkington, Jr.)를 참고하라.

바울은 빌립보서의 시작 부분에서 "너희 안에서 착한 일을 시작하신 이가 그리스도 예수의 날까지 이루실 줄을 우리는 확신하노라"(빌 1:6)라고 말하면서 절대적인 확신을 표현했다. 바울의 확신은 하나님의 신실하심에 뿌리를 내리고 있었다.

바울은 빌립보서를 쓸 때 아직 비밀의 계시를 받지 못했지만, 그럼에도 자신을 부르신 하나님을 온전히 신뢰하는 확신을 가지고 있었다. 그가 가지고 있었던 생각은 그들이 (곧 자신과 신자들이) 계속해서 "푯대를 향하여 그리스도 예수 안에서 하나님이 위에서 부르신 부름의

상(the prize of the high calling of God in Christ Jesus) 을 위하여 달려가야"(빌 3:14) 한다는 것이었다.

> "어떻게 해서든지 죽은 자 가운데서 부활에 이르려 하노니."(빌 3:11)

"어떻게 해서든지(If by any means)"는 문제의 불확실성을 의미하는 것이 아니라 오히려 "푯대를 향하여 그리스도 예수 안에서 하나님이 위에서 부르신 부름의 상을 위하여 달려가려는" 바울의 지속적인 투쟁과 불굴의 의지를 보여주고 있다(빌 3:14).

> "내가 이미 얻었다 함도 아니요 온전히 이루었다 함도 아니라 오직 내가 그리스도 예수께 잡힌 바 된 그것을 잡으려고 달려가노라 형제들아 나는 아직 내가 잡은 줄로 여기지 아니하고 오직 한 일 즉 뒤에 있는

것은 잊어버리고 앞에 있는 것을 잡으려고."(빌 3:12-13)

그는 달리기 선수가 결승선에 있는 테이프를 향해 몸을 앞으로 쭉 뻗으며 나아가는 것처럼, 마지막 최선을 다하고 있다.

"푯대를 향하여 그리스도 예수 안에서 **하나님이 위에서 부르신 부름의 상**을 위하여 달려가노라."(빌 3:14)

"부활"로 번역된 세 개의 그리스어

신약성경에는 "부활"로 번역된 세 개의 그리스어가 있다.

아나스타시스(Anastasis)

우리가 첫 번째로 살펴볼 단어는 아나스타시스(anastasis)이며, 이 단어는 42번 사용되었다. 이 단어는 "다시 일어선다"는 뜻을 가지고 있다. 아나스타시스는 스트롱의 번호가 G386이다. 세 개의 구절을 보면 이 단어는 "흥하게(rising again)"(눅 2:34), "다시 살아나사(that should rise)"(행 26:23), "부활로(raised to life again)"(히 11:35)로 번역되었다.

나머지 39번은 "부활(resurrection)"이란 단어로 번역되었다. 공간의 제한 때문에 39개의 구절을 모두 열거하지는 않을 것이다. 몇 가지 샘플을 제시하면 다음과 같다.

"부활(아나스타시스)이 없다 하는 사두개인들이 예수께 와서 물어 이르되."(막 12:18).

"그리하면 그들이 갚을 것이 없으므로 네게 복이 되리니 이는 의인들의 부활(아나스타시스)시에 네가 갚음을 받겠음이라 하시더라."(눅 14:14)

"선한 일을 행한 자는 생명의 부활(아나스타시스)로, 악한 일을 행한 자는 심판의 부활(아나스타시스)로 나오리라."(요 5:29)

"마르다가 이르되 마지막 날 부활(아나스타시스) 때에는 다시 살아날 줄을 내가 아나이다 예수께서 이르시되 나는 부활(아나스타시스)이요 생명이니 나를 믿는 자는 죽어도 살겠고."(요 11:24-25)

"그들이 기다리는 바 하나님께 향한 소망을 나도 가졌으니 곧 의인과 악인의 부활(아나스타시스)이 있으리라 함이니이다."(행 24:15)

"성결의 영으로는 죽은 자들 가운데서 부활(아나스타시스)하사 능력으로 하나님의 아들로 선포되셨으니 곧 우리 주 예수 그리스도시니라."(롬 1:4)

"만일 죽은 자의 부활(아나스타시스)이 없으면 그리스도도 다시 살아나지 못하셨으리라."(고전 15:13)

"이 첫째 부활(아나스타시스)에 참여하는 자들은 복이 있고 거룩하도다 둘째 사망이 그들을 다스리는 권세가 없고 도리어 그들이 하나님과 그리스도의 제사장이 되어 천 년 동안 그리스도와 더불어 왕 노릇 하리라."(계 20:6)

에게르시스

"부활"로 번역된 두 번째 그리스어는 에게르시스(egersis)이며, 이 단어는 "죽음으로부터 살아남(a resurgence from death)"을 의미한다. 스트롱의 번호는 G1454다. 에게르시스(Egersis)는 한 번만 사용되었다.

"예수의 부활(에게르시스) 후에 그들이 무덤에서 나와서 거룩한 성에 들어가 많은 사람에게 보이니라."
(마 27:53)

엑스아나스타시스

세 번째 부활로 번역된 그리스어는 본 연구의 주제인 엑스아나스타시스(exanastasis)다. 이 단어는 그리스 신약성경에서 단 한 번만 사용되었다. 이 단어의 용법은 매우 심오하다. 이 단어는 빌립보서 3장 11절에서만 볼 수 있다.

> "어떻게 해서든지 죽은 자 가운데서 *부활(엑스아나스타시스)*에 이르려 하노니."(빌 3:11)

빌립보서 3장 11절에서 일반적으로 사용되는 아나스타시스(anastasis) 대신 엑스아나스타시스(exanastasis)가 사용되었다는 것은 매우 중요하다. 하나님의 감동으로 주어진 말씀은 최대한 존중되어야 한다. 하나님의 말씀은 아무렇게나 주어진 것이 아니라 영감으로 주어진 것이기 때문이나. 빌립보서 3장 10절에서 성령께서 선택하신 단어는 *아나스타시스*였고, 11절에서 선택하신 단어는 *엑스아나스타시스*였다. 이 두 개의 구절에 주목하라.

"내가 그리스도와 그 **부활(아나스타시스)**의 권능과 그 고난에 참여함을 알고자 하여 그의 죽으심을 본받아."(10절)

"어떻게 해서든지 죽은 자 가운데서 **부활(엑스아나스타시스)**에 이르려 하노니."(11절)

아나스타시스가 42번이나 "부활"이란 뜻으로 사용되었지만, 엑스아나스타시스는 빌립보서 3장 11절에서만 "부활"이란 뜻으로 한 번 사용되고 있다는 점은 대단히 중요하다. 접두사 엑스(ex)가 아나스타시스(anastasis)에 더해져서 엑스-아나스타시스(ex-anastasis)가 된 것이다.

이러한 차이에는 반드시 이유가 있다. 만일 엑스아나스타시스가 아나스타시스보다 더 독특하고 심오한 의미를 가지고 있지 않다면, 어째서 다른 단어를 사용한 것인가?

만일 여기에 더 깊은 뜻이 있다면, 우리는 하나님의 말씀을 배우는 학도로서, 하나님의 은혜를 구함으로써 여기에 담겨 있는 진리를 간절한 마음으로 구해야 한다.

> "우리가 이것을 말하거니와 사람의 지혜가 가르친 말로 아니하고 오직 성령께서 가르치신 것으로 하니 영적인 일은 영적인 것으로 분별하느니라."(고전 2:13)

우리의 목적은 엑스아나스타시스에 관하여 사람의 지혜로 가르친 말은 제쳐두고, 오직 "성령께서 가르치신" 말씀의 진리를 부지런히 추구하는 사람이 되는 것이이야 한다.

최상의 부활

ex 또는 ek는 "~에게서(from out of), ~에서(out from), ~부터(forth from)"를 의미하는 전치사이다. 그것은 출발점(어떤 동작이나 움직임이 진행되는 지점)에서 (장소, 시간, 원인, 문자 또는 문자적이거나 비유적이거나, 바로 앞이거나 또는 멀리 떨어지거나) 벗어나는 것을 의미한다.[3]

----

3) Thayer's Lexicon of the New Testament.

이것은 아나스타시스(부활)라는 단어의 의미에 ex 또는 ek가 무슨 의미를 추가하는지에 대한 통찰력을 제공해준다. 이것은 **죽은 자의 자리에서 벗어나게 해주는 부활**(resurrection from out-of-the-place-of-the-dead)을 뜻한다. 이 부활은 나머지 죽은 사람들에게서 나오게 해주는 부활이다.

하지만, 이것이 전부가 아니다. 그리스어에서는 엑스아나스타시스(exanastasis) 뒤에 오는 단어, 즉 단독으로 서있는 에크(ek)라는 단어에 주목해야 한다. 그래서 엑스(ex)가 아나스타시스(anastasis) 앞에 붙어 있고, 이어서 에크(ek)가 홀로 서있다. 이는 아나스타시스라는 단어가 out of 또는 out from이라는 단어와 결합해서 이중적인 의미를 나타내고 있음을 뜻한다.

문자적으로 이 구절은 이렇게 말하고 있다.

"*나는 죽은 자들 가운데서 살리심을 받아 최상의 부활에 이르고자 하노라*(I might attain *unto the out-resurrection from out of the dead*)."

이 문장은 영어에서 문법적인 오류를 일으킨다. 그래서 킹 제임스 성경 번역가들은 이 구절을 "어떻게 해서든지 죽은 자의 부활(the resurrection of the dead)에 이르려 하노니"라고 번역했고, 이 구절을 지나치게 단순화했다.

W. E. Vine은 그의 신약성경 단어의 강해 사전(Expository Dictionary of New Testament Words)에서, 이 문제를 해결하기 위해서 이렇게 썼다.

> 즉 엑스아나스타시스(exanastasis) 뒤에 ek가 오면, 직역해야 한다. 그러면 "죽은 자들 가운데서 살리심을 받은 최상의 부활(the out-resurrection from among the dead)"이 된다.

The Companion Bible은 빌립보서 3장 10-11절에 관해 침묵하지 않고, 1,778쪽에 이 부분을 이렇게 설명하고 있다.

즉 그렇다면 엑스아나스타시스(exanastasis)는 데살로니가전서 4장 15-17절의 아나스타시스(anastasis) 이전에 반드시 일부 선택받은 사람들의 부활이 있을 것을 의미한다.

그러므로 "**엑스아나스타시스 에크(Exanastasis ek)**"는 하나님의 구속을 받은 사람들 가운데서 처음으로 부활하는 사람들이며, 이 부활에 참여자로 선택된 사람들의 부활을 의미할 수밖에 없다.

이것은 확실히 그리스도 예수께서 머리인 교회의 부활을 독특하고 특별한 것으로 만든다. 이 부활이 유일무이한 부활인 것은 하나님께서 "exanastasis ek"라는 구절을 사용하는 유일한 부활이기 때문이다.

이 부활은 사복음서나 사도행전 기간 중에 기록된 서신

서들이나 심지어 요한계시록에서도 찾아볼 수 없다. 이 부활은 비밀의 경륜에 속한 부르심과 유일하게 연결되어 있다. 우리의 "부르심의 한 소망"(엡 4:4), 다시 말해서 ***죽은 자들 가운데서 살아나는 최상의 부활***은 하나님의 여러 부르심 가운데 가장 먼저 실현되는 첫 번째 부활의 소망이다.

우리가 부활하게 될 때, 하나님의 구속을 받은 기타 다른 부르심에 속한 사람들은 여전히 무덤에 잠든 상태로 남겨지게 될 것이다. 우리 주님께서 공중에 나타나시고 또 오래 전에 약속하신 세계 통치의 축복을 가져오실 때 우리는 부활하게 될 것이다.

"광야 교회"(행 7:38)와 사도행전 시대의 "하나님의 교회", 그리고 정의로운 재판장이신 예수 그리스도께서 자신의 신성한 통치하에서 살 자격이 있다고 여기시는 모든 사람들이 그리스도께서 "각각 자기 차례대로"(고전 15:23) 다시 살리실 때까지 죽음의 잠 속에서 기다리게 될 것이다.

기타 다른 부르심에 속한 사람들은 그리스도의 파루시아 전에, 그리고 그리스도의 천년통치 후에 부활하게 될 것이다.

비밀에 속한 에클레시아는 주 예수 그리스도께서 세상에 대한 그분의 주권을 행사하시기 전에, 즉 천년왕국이 시작되기 전에 죽은 자들 가운데서 부활하게 될 것인데, 모든 사람이 자신의 순서를 따라서 부활하는 부활의 가장 처음에 부활하게 될 것이다.

결론적으로 현재 부르심에 속한 부활은 특별한 것이다. 그것은 모든 부활 중 첫 번째 부활이며, 가장 고귀한 부활이다. 모든 부활 중에서 최상의 부활인 것이다.

제 4장

현재 세대의 부활 소망

우리가 부르심을 받은 은혜의 시대의 특징은, 이스라엘이 하나님의 백성으로서 존재하는 시대에 속한 특징들과 차이가 있다는 점이다.

사도행전 기간이 끝난 후에, 바울은 에베소서와 빌립보서와 골로새서를 썼다.[1] 놀라운 사실은, 이제 더 이상 하나님 나라가 가까이 왔다던가 또는 그리스도의 재림을 가리키는 그리스어 단어 파루시아(Parousia, "coming" 또는 "presence")가 다시는 언급되고 있지 않다는 것이다.

----

1) 편집자 주: 비밀의 경륜을 소개하는 바울의 서신엔 에베소서와 골로새서를 포함해서 빌립보서가 있다. 빌립보서는 사실 비밀의 경륜에 속해 있다기 보다는 웅장한 에베소서-골로새서의 입구에 서 있다. 빌립보서는 바울의 천상세계로 들어가는 관문에 해당되는 서신이었다. 빌립보의 특별한 특징에 대한 자세한 내용을 보기 원한다면, "Philippians: Paul's Pivotal Letter Pressing Toward the Mystery," (Clyde L. Pilkington, Jr., Bible Student's Notebook #788)을 보라.

만일 데살로니가전서 4장에 기록된 내용이 곧 일어날

수 있고 또 모든 신자들이 파루시아 사건을 언제라도 일어날 수 있는 일로 기대하는 것이 그토록 중요했다면, 바울은 파루시아의 순간이 다른 때보다 오히려 더 가까이 다가가고 있었던 그 때에 어째서 그리스도의 파루시아를 그의 마지막 서신들에서 강조하지 않는 것인지 이해하기 어렵다.

바울은 모든 세대 동안 "하나님 속에 감추어졌던 비밀의 경륜"(엡 3:9)에 속한 것들, 즉 (고린도전서 12장에서 말한 것처럼) 그리스도에게 온전히 속했을 뿐만 아니라 그리스도께서 머리로서 하나의 몸을 형성하게 된 새로운 그룹의 신자들에 대해서 이야기하기 시작했다. 이스라엘에서 나왔을 뿐만 아니라 여러 이방인들 가운데서 나온 신자들이 하나의 몸을 이루게 되었으며, 더 이상 차별이 없게 되었다(사도행전 시대에는 유대인 그리스도인들과 이방인 그리스도인들 사이에 여전히 차별이 있었다).

 이제는 모두가 하나님의 우편에 계신 그리스도 안에서, 새로운 지위를 가지게 되었다. 이 새로운 지위 안에서 우리는 그리스도와 함께 하는 완전한 교통을 누릴 수 있게 되었으며 또한 그리스도 안에 있는 모든 신령한 복들을 누리게 되었다. 그리스도 안에 있는 신자들은 더 이상 자녀가 아니라 그리스도 안에서 완전에 이른 장성한 사람들이며, 그들의 생명은 그리스도와 함께 하나님 안에 감추어진 사람들이다. 이것은 더 이상 땅에서 받는 복(이스라엘을 위한 복)이나 하늘에서 받는 복(바울이 사도행전 기간 동안 가르친 신자들을 위한 복)에 관한 것이 아니라, ***하나님이 거하시는 가장 높은 하늘(the super-heavenly), 곧 삼층천***에서 받는 복에 관한 것이다. 그리스도와 하나 됨을 이룬 몸으로서의 에클레시아는 전혀 새로운 경륜에 속한 것이며, 이스라엘의 자리를 차지하는 것도 아니고 게다가 땅에 속한 운명과도 아무 관계가 없다. 가장 큰 영광에 들어가는 것이며, 그리스도의 영광의 찬송이 되는 것이다(엡 1:12).

새로운 그룹은 새로운 소망에 속해 있다. 그리스도의 몸으로서 교회는 부활하지만, 다른 신자들의 부활과 전혀 별개의 부활에 참여한다. 데살로니가전서 4장이나 고린도전서 15장은 이러한 최상의 부활과는 아무런 연관성이 없다.

바울의 마지막 서신서들에서 우리는 전혀 새로운 것을 발견한다. 이 점은 다음과 같은 사실을 통해서 확실히 알 수 있는데, 곧 바울은 이전에는 부활(혹은 변화)에 참여할 것을 확신했지만, 이제 그는 뒤에 있는 것은 잊어버리고 앞에 있는 것, 곧 ***하나님의 가장 높은 부르심의 상**(the prize of the supernal calling of God*, 빌 3:14)을 향하여 달려가고 있으며 또한 "죽은 자들 가운데서 먼저 살아나는 부활"(빌 3:11)에 이르기를 소망하고 있다. 이것은 그저 "죽은 자들 가운데서 일찍 부활하는 것"을 말하는 것이 아니다. 골로새서 3장 4절에서 계시하고 있는 대로, **_그리스도와 함께 영광 가운데서_** 나타나는 것을 말하고 있다. 이것이야말로 하나님께서 우리에게 주실 수 있는 최고 최상의 선물이다.

형제들의 집 도서 안내

1. 조지 뮐러 영성의 비밀
   조지 뮐러 지음/이종수 옮김/값 1,000원
2. 수백만을 감동시킨 사람을 감동시킨 바로 그 사람: 헨리 무어하우스
   존 A. 비올리 지음/이종수 옮김/값 1,000원
3. 내 영혼의 만족의 노래
   W.T.P 월스톤 지음/이종수 옮김/값 1,000원
4. 모든 일을 하나님의 영광을 위하여 하라
   해리 아이언사이드 지음/이종수 옮김/값 1,000원
5. 잃어버린 영혼을 위해서 어떻게 기도해야 하는가
   오스왈드 샌더스, 찰스 스펄전 지음/이종수 옮김/값 1,000원
6. 윌리암 켈리의 칭의의 은혜(개정판)
   윌리암 켈리 지음/이종수 옮김/값 6,000원
7. 이것이 거듭남이다(개정판)
   알프레드 깁스 지음/이종수 옮김/값 9,000원
8. 존 넬슨 다비의 영성있는 복음
   존 넬슨 다비 지음/이종수 옮김/값 5,000원
9. 로버트 클리버 채프만의 사랑의 영성(개정판)
   로버트 C. 채프만 지음/이종수 옮김/값 7,000원
10. 영성을 깊게 하는 레위기 묵상
    C.H. 매킨토시 외 지음/이종수 옮김/값 5,000원
11. 존 넬슨 다비의 성경주석: 빌립보서
    존 넬슨 다비 지음/이종수 옮김/값 5,000원
12. 존 넬슨 다비의 히브리서 묵상(개정판)
    존 넬슨 다비 지음/정병은 옮김/값 11,000원
13. 조지 커팅의 영적 자유
    조지 커팅 지음/이종수 옮김/값 4,000원
14. 윌리암 켈리의 해방의 체험(개정판)
    윌리암 켈리 지음/이종수 옮김/값 4,500원
15. 존 넬슨 다비의 성경주석: 골로새서(개정판)
    존 넬슨 다비 지음/이종수 옮김/값 8,000원
16. 구원 얻는 기도
    이종수 지음/값 5,000원
17. 영혼의 성화
    프랭크 빈포드 호올 지음/이종수 옮김/값 1,000원
18. 당신은 진짜 거듭났는가?
    아더 핑크 지음/박선희 옮김/값 4,500원
19. C.H. 매킨토시의 완전한 구원(개정판)
    C.H. 매킨토시 지음/이종수 옮김/값 5,500원
20. 존 넬슨 다비의 하나님의 뜻을 분별하는 법
    존 넬슨 다비 지음/이종수 옮김/값 1,000원
21. 존 넬슨 다비의 성경주석: 요한계시록
    존 넬슨 다비 지음/이종수 옮김/값 10,000원

22. 주 안에 거하라
  해밀턴 스미스, 허드슨 테일러 지음/이종수 옮김/ 값 1,000원
23. C.H. 매킨토시의 하나님의 선물
  C.H. 매킨토시 지음/이종수 옮김/ 값 4,000원
24. 존 넬슨 다비의 성경주석: 에베소서
  존 넬슨 다비 지음/이종수 옮김/ 값 8,000원
25. 존 넬슨 다비의 영적 해방
  존 넬슨 다비 지음/문영권 옮김/ 값 7,000원
26. 건강하고 행복한 그리스도인이 되는 법
  어거스트 반 린, J. 드와이트 펜테코스트지음/ 값 1,000원
27. 존 넬슨 다비의 성경주석: 로마서
  존 넬슨 다비 지음/문영권 옮김/값 12,000원
28. 존 넬슨 다비의 성화의 길
  존 넬슨 다비 지음/이종수 옮김/값 4,500원
29. 기독교 신앙에 회의적인 사랑하는 나의 친구에게
  로버트 A. 래이드로 지음/박선희 옮김/값 5,000원
30. 이수원 선교사 이야기
  더글라스 나이스웬더 지음/이종수 옮김/값 5,000원
31. 체험을 위한 성령의 내주, 그리고 충만
  조지 커팅 지음/이종수 옮김/값 4,500원
32. 존 넬슨 다비의 성경주석: 갈라디아서
  존 넬슨 다비 지음/이종수 옮김/값 4,800원
33. 존 넬슨 다비의 성경주석: 요한서신서 · 유다서
  존 넬슨 다비 지음/문영권 옮김/값 8,000원
34. 존 넬슨 다비의 성경주석: 데살로니가전 · 후서
  존 넬슨 다비 지음/이종수 옮김/값 8,000원
35. 그리스도의의 연합과 구원(성경공부교재)
  문영권 지음/값 2,500원
36. 그리스도와의 연합과 성화(성경공부교재)
  문영권 지음/값 3,000원
37. 사도라 불린 영적 거장들
  이종수 지음/값 7,000원
38. 당신은 진짜 하나님을 신뢰하는가(개정판)
  조지 뮬러 지음/ 이종수 옮김/ 값 5,500원
39. 그리스도와 연합된 천상적 교회가 가진 영광스러운 교회의 소망
  존 넬슨 다비 지음/ 문영권 옮김/ 값 13,000원
40. 가나안 영적 전쟁과 하나님의 전신갑주
  존 넬슨 다비 지음/ 이종수 옮김/ 값 2,000원
41. 죄 사함, 칭의 그리고 성화의 진리
  고든 헨리 해이호우 지음/ 이종수 옮김/ 값 2,000원
42. 이것이 그리스도의 심판대이다
  이종수 엮음/ 값 8,000원

43. 존 넬슨 다비의 성경주석: 마태복음
                          존 넬슨 다비 지음/이종수 옮김/값 16,000원
44. C.H. 매킨토시의 하나님에 관한 진실
                          C.H. 매킨토시 지음/이종수 옮김/값 1,000원
45. 존 넬슨 다비의 성경주석: 여호수아
                          존 넬슨 다비 지음/문영권 옮김/값 8,000원
46. 찰스 스탠리의 당신의 남편은 누구인가
                          찰스 스탠리 지음/이종수 옮김/값 4,000원
47. 존 넬슨 다비의 성령론
                          존 넬슨 다비 지음/이종수 옮김/값 13,000원
48. 존 넬슨 다비의 영적 해방의 실제
                          존 넬슨 다비 지음/이종수 옮김/값 5,000원
49. 존 넬슨 다비의 주요사상연구: 다비와 친구되기
                          문영권 지음/값 5,000원
50. 존 넬슨 다비의 죽음 이후 영혼의 상태
                          존 넬슨 다비 지음/이종수 옮김/값 5,000원
51. 신학자 존 넬슨 다비 평전
                          이종수 지음/ 값 7,000원
52. 존 넬슨 다비의 요한복음 묵상
                          존 넬슨 다비 지음/이종수 옮김/값 8,000원
53. 프레드릭 W. 그랜트의 영적 해방이란 무엇인가
                          프레드릭 W. 그랜트 지음/이종수 옮김/값 4,500원
54. 홍해와 요단강을 통해서 나타난 하나님의 구원
                          윌리암 켈리 지음/ 이종수 옮김/ 값 4,800원
55. 그리스도와의 연합을 위한 성령의 역사
                          윌리암 켈리 지음/ 이종수 옮김/ 값 19,000원
56. 누가, 그리스도인인가?
                          시드니 롱 제이콥 지음/ 박영민 옮김/ 값 7,000원
57. 선교사가 결코 쓰지 않은 편지
                          프레드릭 L. 코신 지음 / 이종수 옮김/ 값 9,000원
58. 사랑의 영성으로 성자의 삶을 살다간 로버트 채프만
                          프랭크 홈즈 지음 / 이종수 옮김/ 값 8,500원
59. 므비보셋, 룻, 그리고 욥 이야기
                          찰스 스탠리 지음 / 이종수 옮김/ 값 7,500원
60. 구원의 근본 진리
                          에드워드 데넷 지음 / 이종수 옮김/ 값 6,500원
61. 회복된 진리, 6+1
                          에드워드 데넷 지음/ 이종수 옮김/ 값 6,000원
62. 당신의 상상보다 더 큰 구원
                          프랭크 빈포드 호올 지음/ 이종수 옮김/ 값 6,500원
63. 뿌리 깊은 영성의 그리스도인으로 사는 법
                          찰스 앤드류 코우츠 지음/ 이종수 옮김/ 값 9,000원

64. 천국의 비밀 : 천국, 하나님 나라, 그리고 교회의 차이
　　　　　프레드릭 W. 그랜트 & 아달펠트 P. 세실 지음/이종수 옮김/ 값 7,000원
65. 존 넬슨 다비의 성경주석: 베드로전·후서
　　　　　　　　　　　존 넬슨 다비 지음/장세학 옮김/ 값 7,500원
66. 존 넬슨 다비의 영광스러운 구원
　　　　　　　　　　　존 넬슨 다비 지음/이종수 엮음/ 값 15,000원
67. 어린양의 신부
　　　　　W.T.P. 월스톤 & 해밀턴 스미스 지음/ 박선희 옮김/ 값 10,000원
68. 성경에서 말하는 회심
　　　　　　　　　　　C.H. 매킨토시 지음/ 이종수 옮김/ 값 9,000원
69. 십자가에서 천년통치에 이르는 그리스도의 길
　　　　　　　　　　　존 R. 칼드웰 지음/ 이종수 옮김/ 값 7,500원
70. 그리스도와의 연합이란 무엇인가?
　　　　　　　　　　　에드워드 데넷 지음/ 이종수 옮김/ 값 9,000원
71. 하늘의 부르심 vs. 교회의 부르심
　　　　　　　　　　　존 기포드 벨렛 지음/ 이종수 옮김/ 값 16,000원
72. 당신은 진짜 새로운 피조물인가
　　　　　　　　　　　존 넬슨 다비 외 지음/ 이종수 옮김/ 값 12,000원
73. 플리머스 형제단 이야기
　　　　　　　　　　　앤드류 밀러 지음/ 이종수 옮김/ 값 14,000원
74. 바울의 복음, 그리스도의 영광의 복음
　　　　　　　　　　　존 기포드 벨렛 지음/ 이종수 옮김/ 값 9,000원
75. 악과 고통, 그리고 시련의 문제
　　　　　　　　　　　　　　이종수 지음/ 값 9,000원
76. 요한계시록 일곱 교회를 향한 예언 메시지
　　　　　　　　　　　존 넬슨 다비 지음/이종수 옮김/ 값 18,000원
77. 영광스러운 구원, 어떻게 받는가
　　　　　　　　　　　존 넬슨 다비 지음/이종수 엮음/ 값 13,000원
78. 영광스러운 교회의 길
　　　　　　　　　　　존 넬슨 다비 지음/이종수 엮음/ 값 22,000원
79. 존 넬슨 다비의 성경주석: 디모데전후서, 디도서, 빌레몬서
　　　　　　　　　　　존 넬슨 다비 지음/이종수 옮김/ 값 15,000원
80. 성경을 아는 지식
　　　　　　　　　　　존 넬슨 다비 지음/이종수 엮음/ 값 18,500원
81. 십자가의 도
　　　　　　　　　　　존 넬슨 다비 지음/이종수 엮음/ 값 13,500원
82. 존 넬슨 다비의 성경주석: 고린도전후서
　　　　　　　　　　　존 넬슨 다비 지음/이종수 옮김/값 18,500원
83. 존 넬슨 다비의 성경주석: 사도행전
　　　　　　　　　　　존 넬슨 다비 지음/이종수 옮김/ 값 17,000원
84. 그리스도와의 연합을 위한 사도 바울의 기도
　　　　　　　　　　　존 넬슨 다비 지음/이종수 엮음/값 10,000원

85. 빌라델비아 교회의 길
해밀턴 스미스 지음/이종수 옮김/값 10,000원
86. 무명한 자 같으나 유명한 존 넬슨 다비 전기
윌리암 터너, 에드윈 크로스 지음/이종수 옮김/값 12,000원
87. 성경의 핵심용어 해설
데이빗 구딩, 존 레녹스 지음/허성훈 옮김/값 9,000원
88. 존 넬슨 다비의 성경주석: 히브리서, 야고보서
존 넬슨 다비 지음/이종수 옮김/값 17,500원
89. 존 넬슨 다비의 성경주석: 요한복음
존 넬슨 다비 지음/이종수 옮김/값 17,000원
90. 신부의 노래
해밀턴 스미스 지음/이종수 옮김/값 10,000원
91. 에클레시아의 비밀
해밀턴 스미스 지음/이종수 옮김/값 10,000원
92. 존 넬슨 다비의 성경주석: 누가복음
존 넬슨 다비 지음/이종수 옮김/값 13,500원
93. 예수 그리스도를 따라 맨 밑바닥까지 내려가는 아름다움
조지 위그램 지음/이종수 옮김/값 7,000원
94. 존 넬슨 다비의 성경주석: 마가복음
존 넬슨 다비 지음/이종수 옮김/값 8,000원
95. 죄 사함과 죄로부터의 완전한 자유
조지 커팅 지음/이종수 옮김/값 7,000원
96. 성령의 성화
윌리암 켈리 지음/이종수 옮김/값 6,500원
97. 하나님의 義란 무엇인가
윌리암 켈리 지음/이종수 옮김/값 9,000원
98. 길이요 진리요 생명이신 그리스도
윌리암 켈리 지음/이종수 옮김/값 6,500원
99. 보혜사 성령
W.T.P. 월스톤 지음/이종수 옮김/값 24,000원
100. 존 넬슨 다비의 성경주석: 창세기
존 넬슨 다비 지음/이종수 옮김/값 8,600원
101. 존 넬슨 다비의 성경주석: 이사야
존 넬슨 다비 지음/이종수 옮김/값 9,400원
102. "그리스도와의 하나됨"을 통한 동일시의 진리란 무엇인가
클라이드 필킹턴 주니어 책임편집/이종수 엮음/값 9,000원
103. 존 넬슨 다비의 성경주석: 다니엘
존 넬슨 다비 지음/이종수 옮김/값 8,000원
104. 그리스도와의 하나됨을 통한 "양자 삼음의 진리"란 무엇인가
클라이드 필킹턴 주니어 책임편집/이종수 엮음/값 11,000원
105. 순례자의 노래
존 넬슨 다비 지음/문영권 옮김/값 12,000원

106. 존 넬슨 다비의 성경주석: 에스겔
　　　　　　　　　존 넬슨 다비 지음/이종수 옮김/값 8,800원
107. 성경공부교재 제1권 거듭남의 진리
　　　　　　　　　　　　　　이종수 지음/값 5,000원
108. 존 넬슨 다비의 성경주석: 잠언, 전도서, 아가서
　　　　　　　　　존 넬슨 다비 지음/이종수 옮김/값 5,000원
109. 성경공부교재 제2권 죄사함의 진리
　　　　　　　　　　　　　　이종수 지음/값 6,500원
110. 최고의 영광으로의 부르심
　　　　　　　클라이드 필킹턴 주니어 편집/이종수 엮음/값 9,000원
111. 존 넬슨 다비의 성경주석: 예레미야, 예레미야애가
　　　　　　　　　존 넬슨 다비 지음/이종수 옮김/값 9,000원
112. 존 넬슨 다비의 새번역 신약성경(다비역 성경)
　　　　　　　　　존 넬슨 다비 지음/이종수 옮김/값 35,000원
113. 존 넬슨 다비의 성경주석: 소선지서
　　　　　　　　　존 넬슨 다비 지음/이종수 옮김/값 20,000원
114. 삼층천의 비밀
　　　　　　클라이드 필킹턴 주니어 책임편집/이종수 엮음/값 17,000원
115. 존 넬슨 다비의 침례의 더 깊은 의미
　　　　　　　　　존 넬슨 다비 지음/이종수 옮김/값 8,000원
116. 존 넬슨 다비의 성경주석: 시편(상)
　　　　　　　　　존 넬슨 다비 지음/이종수 옮김/값 13,000원
117. 존 넬슨 다비의 성경주석: 시편(하)
　　　　　　　　　존 넬슨 다비 지음/이종수 옮김/값 14,000원
118. 여자의 너울에 대한 교회사의 증언
　　　　　　　　　　　　　　이종수 엮음/값 10,000원
119. 사랑하시는 자 안에서 우리를 열납해주신 하나님의 은혜의 영광
　　　　　　　　　　찰스 웰치 지음/이종수 옮김/값 10,000원
120. 존 넬슨 다비의 천국의 경륜이란 무엇인가
　　　　　　　　　존 넬슨 다비 지음/이종수 옮김/값 10,000원
121. 존 넬슨 다비의 아버지와 그의 아들 예수 그리스도와 더불어 누리는 사귐
　　　　　　　　　존 넬슨 다비 지음/이종수 옮김/값 8,000원
122. 존 넬슨 다비의 성경주석: 출애굽기
　　　　　　　　　존 넬슨 다비 지음/이종수 옮김/값 9,000원
123. 헨리 무어하우스의 은혜의 영성
　　　　　　　　　헨리 무어하우스 지음/이종수 옮김/값 15,000원
124. 존 넬슨 다비의 성경주석: 레위기
　　　　　　　　　존 넬슨 다비 지음/이종수 옮김/값 14,000원
125. 죽은 자 가운데서 부활이란 무엇인가
　　　　　　클라이드 필킹턴 주니어 책임편집/이종수 옮김/값 8,000원

그리스도와의 연합의 관문으로서
영적해방의 진리를 소개합니다.

영적해방 시리즈
전 21권

151,650원

"나에게는 내가 죽은 날이 있었다. 그 날은 바로 조지 뮬러가, 자신의 의견, 선호, 취향, 의지에 대해 죽은 날이요, 세상과 세상의 인정 혹은 비난에 대해서 죽은 날이다. 나는 심지어 나의 형제들 혹은 친구들의 인정과 비난에 대해서도 죽었다. 그때로부터 나는 오직 하나님께 인정받는 일꾼으로만 드러나도록 힘썼다."

- 조지 뮬러

"나는 지금 회심한지 20년 정도 되었다. 영적 해방을 경험하지 못했을 때에는, 성령님의 뜻 가운데 동행하면서 누리는 기쁨과 축복에 대해서 전혀 알지 못했다. 내가 지금까지 믿음으로 순종하면서 걸어온 삶을 돌이켜보건대, 만일 영적 해방을 경험하지 못했다면 과연 결과가 어떻게 달랐을까를 생각해본다."

- 존 넬슨 다비

그리스도와의 연합의 진리를 소개합니다.

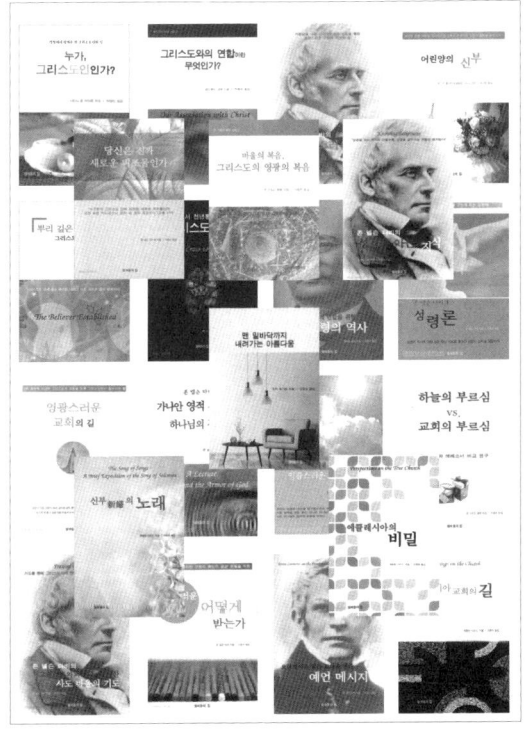

그리스도와의 연합 시리즈
전 24권

288,000원

그리스도와의 연합이란 나는 죽고 그리스도로 사는 삶을 가능케 해주는 진리다.

영적해방을 통과한 사람만이 들어갈 수 있는 천상계 그리스도인의 삶이 펼쳐지게 된다.

이로써 새로운 피조물이 되는 기쁨과 탄식을 경험하게 되며, 기도가 응답되는 경이로운 삶을 누리게 된다.

존 넬슨 다비 저서
전 27권

존 넬슨 다비 시리즈
전 27권

239,850원

이런 기쁨을 아십니까?
이런 기쁨을 누리며 살고 싶습니까!

"오, 아무 것도 소유하지 않고,
아무 것도 되지 않고,
아무 것도 보지 않고,
오직 영광 중에 살아계신 그리스도만을 바라보며,
그리스도께서 이 땅을 향해 관심하신 것마을 관심하는 기쁨이여!"

- 존 넬슨 다비

존 넬슨 다비 주석 시리즈
전 29권

존 넬슨 다비 주석
시리즈
전 29권

288,540원

"모든 성경학도가 평생을
곁에 두고 연구할만한
불후의 명작이다."

by 해리 아이언사이드,
무디기념교회 목회자

그리스도와 연합을 이룬 교회의 경륜을 따라 성경전체를 조망한 주석을 만난다!

1. 마태복음/ 16,000원
2. 마가복음/ 8,000원
3. 누가복음/ 13,500원
4. 요한복음/ 17,000원
5. 사도행전/ 17,000원
6. 로마서/ 12,000원
7. 고린도전후서/ 18,500원
8. 갈라디아서/ 4,800원
9. 에베소서/ 8,000원
10. 빌립보서/ 5,000원
11. 골로새서/ 8,000원
12. 데살로니가전후서/ 8,000원
13. 디모데전후서, 디도서, 빌레몬서/ 15,000원
14. 히브리서, 야고보서/ 17,500원
15. 베드로전후서/ 7,500원
16. 요한서신서,유다서/ 8,000원
17. 요한계시록/ 10,000원
18. 창세기/ 8,600원
19. 출애굽기/ 9,000원
20. 레위기/ 14,000원
21. 여호수아서/ 8,000원
22. 시편 (상) / 13,000원
23. 시편 (하)/ 14,000원
24. 이사야/ 9,400원
25. 다니엘/ 8,000원
26. 에스겔/ 8,800원
27. 잠언, 전도서, 아가서/ 5,000원
28. 예레미야, 예레미야애가/ 9,000원
29. 소선지서/ 20,000원

클라이드 필킹턴 주니어 저서 전 4권

클라이드 필킹턴
주니어 시리즈
전 4권

41,400원

그리스도와의 연합은 이런 **실제**가 있어야 합니다.

1. 그리스도와의 하나됨을 통한 동일시의 진리란 무엇인가/ 9,000원

그리스도와의 연합을 통해서 그리스도와 동일시되는 것은 기독교 신학의 중심(中心)이며, 핵심(核心)이며, 정수(精髓)다.

2. 그리스도와의 하나됨을 통한 양자 삼음의 진리란 무엇인가/ 11,000원

양자삼음은 새로운 출생을 통해서 이루어지는 거듭남보다 훨씬 더 고차원적인 역사다. 이는 하나님 나라를 통치할 수 있는 통치자가 되는 영예를 얻는 것이며, 아버지 하나님께서 우리에게 주실 수 있는 최고의 존엄을 얻는 것이다.

3. 최고의 영광으로의 부르심/ 9,000원

그리스도와 연합된 신자들은 그리스도께서 들어가신 영광의 자리로 승격되는 엄청난 은혜를 입게 된다.

4. 삼층천의 비밀/ 257쪽/ 17,000원

당신은 정말 삼층천에 들어가는 "비밀"을 알고 있는가?

그리스도와의 연합은 성령의 역사다!

존 넬슨 다비의/ 15,000원

윌리암 켈리/ 19,000원

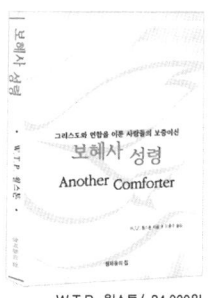
W.T.P. 월스톤/ 24,000원

그리스도와의 연합은 성령의 역사다!

그리스도와의 연합은 우리를 하늘 높이 들어올려, 그리스도의 승격만큼 우리를 높이 승격시켜 주는 성령의 역사다. 그리스도와의 연합은 이 땅이 아니라 하늘에서 이루어진다.
이러한 그리스도와의 연합을 실제적으로 경험하려면, 그리스도와의 연합을 이루시는 성령의 역사를 정확히 알고 경험해야 한다. 이 세권의 책은 기독교 역사상 최고의 영성으로 불렸던 플리머스 형제단의 탁월한 성경 교사들이 그리스도와의 연합을 경험한 후 성경을 통해서 설명하는 책이다. 그리스도와의 연합, 더 이상 이론에만 머물지 말고, 그 실제 속으로 들어가라.

종이책 * 전자책: 교보문고, 알라딘

1. 존 넬슨 다비의 성령론 | 15,000원
성경 진리 이해의 토대를 세워주는 모세오경 강해의 고전 "매킨토시 모세오경 강해"의 저자 C.H. 매킨토시를 "그리스도와의 연합의 진리"로 이끈 불후의 명작, 드디어 출간!

2. 윌리암 켈리의 그리스도와의 연합을 위한 성령의 역사 | 19,000원
그리스도와의 연합의 실제 속으로 당신을 안내해줄 친절한 안내서

3. W.T.P. 월스톤의 그리스도와의 연합을 이룬 사람들의 보증이신 보혜사 성령 | 24,000원
창세기부터 요한계시록에 이르기까지 성령의 역사를 총체적으로 조망한 책을 만난다!

Originally published under the title of
"The Out-Resurrection: *A Compilation on the Prior-Expectation of the Secret Administration*"
by Clyde L. Pilkington, Jr.
Copyright© Bible Student's Press™
An imprint of *Pilkington & Sons*
P.O. Box 265
Windber, PA 15963

Korean translation copyright
ⓒ 2022 by Brethren House, Korea
All rights reserved

죽은 자 가운데서 부활이란 무엇인가?
ⓒ형제들의 집 2022

초판 발행 • 2023.4.17.
지은이 • 클라이드 L. 필킹턴 주니어
옮긴이 • 이 종 수
발행처 • 형제들의집
주소 • 서울 도봉구 도봉로 150가길 23
판권ⓒ형제들의집 2022
등록 제 7-313호(2006.2.6)
Cell. 010-9317-9103
홈페이지 http://brethrenhouse.co.kr
E-mail: asharp@empas.com
ISBN 979-11-6914-038-6 03230

＊값은 뒤표지에 있습니다.
＊잘못된 책은 바꿔드립니다.
＊서점공급처는 〈생명의말씀사〉입니다. 전화(02) 3159-7979(영업부)